JN439212

나무 다비茶毘

이 도서의 국립중앙도서관 출판예정도서목록(CIP)은 서지정보유통지원시스템 홈페이지(http://seoji.nl.go.kr)와 국가자료종합목록시스템(http://www.nl.go.kr/kolisnet)에서 이용하실 수 있습니다.
(CIP제어번호 : CIP2019008768)

J.H CLASSIC 031

나무 다비茶毘

박방희 시집

지혜

시인의 말

불굴의 意志
또는 극점까지 나아가는
준열한 精神과
삶과 세상의
이런저런 풍경에
바친다.

—또 한 번의 봄날

2019년
박방희

차례

2부 고사목

3부 직선에서

4부 거미考

5부 우화시

• 일러두기
한 연이 첫 번째 행에서 시작될 때는 > 로 표시합니다.

1부

비상구

비상구

여기서부터는 날아갈 수 있습니다

풍경風景에 관하여

가령 풍경이라면 어떤 곳의 경치나 경관을 이를 터이다

그러나 단순해 보이는 풍경에도 안과 밖이 있고
우리가 잘 보지 못하는 속이 있으니 풍경도 옷을 입어서다

해질 무렵, 벼논의 그루터기들은 논바닥이 펼쳐놓은 오선지 위에 모여 앉아 노래 부르는 음표가 된다 그 음표 따라 바람이 악보를 읽으며 지나가면 쓸쓸한 겨울 벼논에서는 바야흐로 장중한 오케스트라가 연주되어 하늘로 울려 퍼진다 그 장엄한 저녁의 노래를, 남은 것들의 쓸쓸한 노래를 듣는다면 당신은 풍경의 속을 본 것이다

이내 내리는 16번 지방도가 가파른 가산령을 허기진 모습으로 오르다가 저녁연기처럼 풀어지며 재를 넘어가는 모습과, 해 떨어지고 난 뒤 한낮의 흔적처럼 보이는 그 흰빛 또한 풍경의 속살과 같은 것이다

길가 논 자락에 아직 베어지지 않고 남은 벼들은
마치 아직 살아 있어 미안한 사람들처럼 고개 숙이고 서있다
베어 눕혀진 벼들은 비로소 얻은 적멸의 시간에 입적하기 위

해 쉬고 있는 인간의 고단한 생애처럼 보인다

풍경 하나에 우주의 비밀을 읽어내고
어느 한 순간의 풍경 속에 깃든 영원을 볼 때
우리는 비로소 풍경의 속을 보았다고 할 수 있다

덩굴

덩굴은 속에서 저를 밀어내어 일생一生을 간다. 돌아보면 저는 없고 정처 없이 걸어온 푸른 길만 보인다. 그게 덩굴의 자취이고 이력履歷이다. 가야 할 길이 있기에 한 자리에 머물며 굵어지거나 뚱뚱해질 사이도 없는 덩굴은 불굴不屈과 통한다. 바닥을 기거나 아슬아슬 허공으로 발을 내밀며 덩굴은 가늘고 긴 의지를 이어가는 의지意志의 한국인이다가 초지일관初志一貫이란 말을 만들기도 한다. 인생人生으로 말하자면, 지금쯤 덩굴은 한 백리쯤 왔을 것이다. 해는 저물고 가야 할 길은 아직도 멀어 시방도 덩굴손 하나를 내밀어 조심스럽게 허공을 잡는다.

반짝, 어둠 속의 별 하나가 허공으로 뻗은 그의 길을 인도하고 있다.

암자 오르는 길

— 野生의 깨

암자로 오르는 길 野生의 깨들이 군데군데 자라 허리까지 차오른다. 아무도 베어들이지 않으니 소문처럼 무성하다. 저대로 나서 목탁 소리나 듣고 자란 깨를 누가 따로 추수하랴. 그냥 그 자리에 꼿꼿이 서서 잎은 지고 대궁은 마른 채로 바람에 흔들거린다. 명상에라도 빠진 것일까, 하도 기척 없이 고요하여 슬쩍 옆구리를 쳐 본다. 그러자 涅槃에라도 든 듯 눈감고 흔들거리던 늙은 깨가 자르르— 말씀을 쏟아 놓는다. 말씀의 깨알들, 깨알 같은 말씀들……. 신기하고 놀라와 툭, 한 번 더 건드려 본다. 다시 자르르—. 열반 중인 깨는 여전히 지혜의 말씀, 기름진 말씀의 알맹이들을 쏟아 놓는다. 마른 풀잎과 단풍 진 낙엽들에 떨어지는 말씀은 經 읽는 소리와 같다. 아니, 쏟아지는 깨알 하나하나가 바로 經이고 法이다. 고소하고 오묘한 法文, 거죽을 때려 속까지 울리는 명징한 말씀의 法會가 지금 한창이다.

이놈의 늙은 깨가 선 채로 涅槃하더니 이제 舍利까지 내 놓는구나!

그루터기만 남은 나무

어떤 집 뒤곁에 큰 나무가 한 그루 있었다
어느 날 웬 까마귀 한 마리가 날아와
제일 높은 가지 위에 앉아 우는 것이었다
집주인은 그 울음소리가 듣기 싫었다
재수 없는 새였던 것이다
나무에 올라가 아깝지만 그 가지를 베어버렸다
다음날, 또 까마귀가 날아와 울었다
이번엔 곁의 다른 가지에 앉아 울었다
주인은 다시 나무에 올라가 그 가지마저 베어버렸다
그만하면 좋았을 것을, 재수 없는 까마귀는
다음 날에도 와서 남은 가지 위에 앉아 울었다
단단히 약이 오른 그 사람은 그 가지마저 베었다
그렇게 하여 그 집의 훌륭한 나무는
차례차례 가지를 잃고 마침내 밑동만 남았다
그리고 얼마 안 있어 그 밑동마저 그루터기만 남기고 베어졌다

까마귀란 놈이 거기까지 와서 울었던 것이다

지구의 어느 날

죽고
죽고
죽고
죽고
죽어

마침내
고요해졌다

뛰어 다니는 뱀

세계에서 가장 건조한 지대인 아프리카 남서부 나미브 사막에는 뛰어다니는 뱀이 있다. '사이드와인더'라는 이 뱀은 가혹한 환경에서 살아남기 위해 뛰는 법을 배운 것이다. 이는 자기 종種에 대한 이단異端이고 전통과 관습에 대한 배반이지만 배를 붙이고 기어 다니다간 그 자신이 통째로 구이가 됨을 어쩌랴! 생의 의지는 불보다 뜨거워 열사의 사막에 눈금을 새기며 이동한 자리는 생生으로 가는 계단처럼 선명한 핏빛 자국을 남긴다. 일생 동안 수없이 금을 그으며 죽음을 뒤로하고 생으로 나아간 그의 이력은 경탄을 넘어 경외 자체이기에 사막에 펼쳐지는 장엄한 자취 따라 급기야 찬미와 종교가 생겨날 법하다. 삶과 죽음의 경계를 매 순간 순간 뛰어넘으며 원초적인 생명의지生命意志를 구현하는 존재가 따로 없기 때문이다.

밝고 따뜻한 곳

밝고 따뜻한 곳에는 노인과 파리가 있다
가만있거나 계속 날지도 못하면서
파리는 여기저기에 까만 點을 드러낸다

노인은 수시로 딱! 딱! 파리를 잡는다
기실 잡아채는 건 일상의 무료일 뿐,

한동안
멎었던 소리가,
딱!
딱!

또 點을 드러낸다

오리

오리 한 마리 물 위에 떠 있다
겨울 心臟 속으로 유영하듯
제 생명 속으로 헤엄쳐 들고 있다
오리는 추운데 왜 물속으로 자맥질하나
차갑지만 그 속에 양식이 있기 때문이다
물속에서 건져 올리는
存在와 生命의 비밀 환히 보인다
투명한 못물 속에 비치는 것
무게를 드리우고 떠다니는 것이 또 있다
오리 밑에 두둥실 오리 그림자
바깥 오리랑 똑같이 헤엄치고 자맥질한다
오리 주둥이 앞에서 달아나는 물고기
그림자 오리 부리 속으로 사라진다

사막

주민 5만 명에게 食水를 제공할 수 있는 거대한 江이 사하라 사막 아래 흐르고 있다 한다. 그래서 사막은 늘 푸른 생각으로 출렁이었을까?

아득한 옛날부터 오랜 세월 꿈틀대며 흐르던 기억이 때때로 모래바람을 일으켜 등지느러미를 세우고 습관처럼 달리게 하였을까?

푸른 출렁임과 생명에 대한 어쩔 수 없는 그리움이 몸을 열어 오아시스를 만들고 풀과 나무를 기르며 꽃을 피워내 스스로에 反逆하게 한 것일까?

山에는 낙타가 산다

처음 세상이 생길 때 속으로 끓던 그 무엇이 위로 치솟았을 것이다. 머리 위에 떠 있는 무한에 대한 갈망이었거나 어쩌면 푸르렀을지도 모를 깊이에로 투신일 수도 있다. 여기저기 불쑥 불쑥 솟아나 山이 되고 봉우리가 되고 구릉이 되고 더러 참을 수 없는 분노나 욕망이 폭발하며 天池 같은 산중호수가 되고 山의 눈물로 고였는지 모른다. 하늘로 날아가 새가 되거나 달이 되고 별이 되지 못한 채 뒷심 딸려 엉거주춤 주저앉은 山은 또 말처럼 달리고 싶어한다. 더러는 평원으로 더러는 바다로 내달아 줄기찬 산맥으로 뻗어갔다.

지금이라도 山에 올라 박차 가하면 갈기를 휘날리며 곧장 내달릴 태세지만 몇 겁의 세월이 흐르고 흘러 어느 덧 山은 낙타가 되었다. 단봉으로 쌍봉으로 肉峰들이 생겨나고 삼봉 사봉 다봉으로 봉우리가 늘며 그만큼 더 멀리 멀리 나아갔다. 낙타의 육봉에 지방이 들었듯 山의 육봉에는 출렁임이 들었다. 파도처럼 끝없이 출렁이며 피안에 닿고 싶었을 것이다. 묵묵히 한 봉우리 올라서면 또 한 봉우리 일렁이는 숙명의 등짐을 지고 오늘도 山은 타박타박, 광활한 우주의 사막을 걸어가고 있다.

山을 오른다

오늘도 배낭 맨 사람들 울긋불긋 山을 오른다. 사람이 山에 오르는 것은, 山이 사람을 불러 제 등에 올리고 제 몸을 밟게 하는 것이다. 세상으로 나가지 못하니 세상을 山으로 꾀어 들여 사람 냄새도 맡고 저자거리 소식도 들으며 붙박이, 앉은뱅이의 궁금증을 푸는 것이다. 너무 한 자리에 오래 앉아 있어 욱신거리는 삭신 밟아 신경통을 다스리는 거다.

봄이 오면 늙은 여자도 어디론가 떠나고 싶고 꺾은 무릎 일으켜 세워 달리고도 싶다. 하늘거리는 푸른 옷으로 갈아입고 가슴에도 머리에도 꽃을 달아보지만 빈 독에 이는 한숨 같은 것, 바람기 같은 것은 어쩔 수가 없다. 여러 갈래 길을 풀어 짐승도 부르고 사람도 불러 제 속을 채우며 허한 가슴 꾹꾹 눌러 밟게 하는 것이다.

맑은 물줄기 놓아 산천어 거슬러 오르게 하고 산새들 갖은 울음 지저귀게 하며 사시사철 다른 풍경 펼쳐 사람들 꾀어 들이는 것이다. 길로 내준 하얀 뼈마디 마디 지르밟게 하며 곳곳에 절 들이고 무덤 들이고 탑도 세워 저를 눌러 앉히는 것이다. 안개며 구름 피워 스스로를 감추며 호기심 많은 사람들 제 발로 찾아들게 하는 것이다.

>

사람들도 외로워 山을 오른다.
그 눈부신 絶對孤獨을 밟으러 山을 오른다.

2부

고사목

나무 다비茶毘

나무는 태생적으로 선골이다
줄기 하나로 시작한
나무의 길은 하늘로 가고
천수관음의 손으로 우주를 만진다
절망을 움켜잡으며
땅속 어둠에 박은 뿌리는
지구를 들고 있다

나무는 태생적으로 선풍이다
나고
성장하고
노쇠하여
고사목이 되고
마침내 한 짐 화목으로
스스로 다비 한다

枯死木

킬리만자로 꼭대기의 표범처럼 누가 선 채로 入寂하고 자기 뼈를 경판으로 널어 말리는가. 히말라야 설원이나 고원이 아니더라도 눈 덮인 노고단에서 장터목 오르다가 드문드문 마주치는 고사목, 하늘로 곧게 서서 仰天修道한 고승의 모습!

법을 구하러 세상 끝까지 갔다가 여기에 이르러 길을 멈추고 자신의 뼈로 사원을 세우니, 온몸으로 써놓은 신성한 문자 앞에 지상에서 가장 순정한 새, 까마귀가 그 위에 앉아 곡하고 몇 구절 읽으며 옮겨주고 있다.

그가 다다른 절정의 精神에
해와 달 번갈아 경배하고
流星은 제 몸을 불살라
그 아래 한 조각 뼈를 묻는다.

해인사 소나무

지금 울창한 이 소나무들 백년 뒤쯤이면 사라진대요
백년의 한 반쯤 산 시인이, 허파를 몸 밖에 내놓고 푸른 숨 쉬고 있는
해인사 홍류계곡 우람한 적송들을 보고 말했다
다른 雜木에 비해 소나무가 劣性이라서 그렇다나……
소나무야말로 나무 중의 나무인데 소나무가 사라지다니!
잘생겨 용트림하듯 하늘로 치솟는 이 소나무들이 백년 후엔
神仙이 되어 하늘로 올라가 사라진다는 말로 이해되어
고개를 끄덕이며 말했다

백년 뒤가 아니라 지금이라도 羽化登仙할 것 같은데요!

그리스 신전의 기둥

기둥, 받칠 게 없으면 쓰러져야 한다
주저앉을 수도 누울 수도 없는, 선 채로 바스러지는 이 형벌……

길어졌다 짧아졌다 하는 제 그림자를 보며
밤마다 눕는 꿈으로 야위는
그리스 신전의 기둥들

너무나 오래 서 있어 하얗게 바래져
무엇을 떠받들었던지 기억조차 희미한

한때 기둥이었다는 명백한 사실이 그를 꼿꼿이 서 있게 할 뿐!

성류굴에 들어가 神의 나이를 알아내다

울진 성류굴에 들어가 신의 갈비뼈를 만져 보았다

신의 나이 2억5천만세

묵은 나무를 우러르다

그의 과수원에는 늙은 과목들이 많다. 나무의 양로원이랄까 베어내는 대신 그 옆에 어린 나무를 심는다. 까치집을 인 할아버지 같은 감나무도 손자 같은 나무를 굽어보고 고목이 된 묵은 모과나무도 작고 어린 나무를 굽어본다.

고사목의 형해는 아름답다. 시간이 조형해낸 장엄함이 느껴지는 선과 무너지는 선의 아름다움! 생명을 가꿀 수는 있어도 처형의 권한이 위임되지 않았으니 나무의 생사여탈권이 그에게는 없다고 말한다.

고목이 달아낸 성근 꽃이 간직한 향기를 즐길 줄 알고 딱 서너 개 맺히는 열매의 깊고 그윽한 맛을 아는 그는 묵은 나무를 베어내고 매정함을 심으면 그것들이 자라 세상을 덮는 날이 종말의 날이라고 믿는다.

까마귀, 정신을 벼리다

북극해를 떠다니는 軍艦처럼 겨울 잿빛 하늘 떠다니던 검은 옻빛의 새들이 높다란 겨울나무에 다닥다닥 붙어 앉아 장엄미사를 드리고 있다. 울긋불긋 황칠한 인디언들이 조상의 魂을 불러내는 거룩한 의식을 집전하듯 바람 불어오는 쪽으로 머리를 두고 찬바람을 맞고 있는 것은 北風에 빗질하며 제 정신을 벼리는 것이리라.

무슨 나막신 귀신같이 앉아서 일제히 한 곳을 보지만 무얼 보는 것은 아니다. 막연히 북쪽 바람 부는 쪽을 향하고 있어 바람 부는 곳이 고향인가 싶으나 혹한의 極地를 그리워함이리라. 까마귀의 검정빛이 푸른빛을 띠는 것은 스스로 독을 머금으며 서슬 푸르게 氣를 단련하고 스스로 매질한 흔적일 뿐,

불일암 새떼

공중 나는 不立文字여,

道가 거기에 있구나!

落傷매

매는 아득히 높은 나무꼭대기나 까마득한 절벽 끝에 둥지를 틀고 알을 낳는다. 새끼가 부화하면, 어미는 野性과 獸性을 기르기 위해 산 것을 잡아다 날로 먹인다. 피 냄새 나는 둥지는 늘 위태로워 더러 떨어져 죽기도 하는데, 그 높은 절망의 벼랑에서 떨어져 生으로 飛翔한 매가 낙상매다. 상처 입은 매는 살아남기 위해 고군분투하는 가운데, 여느 매와 다른 강인한 힘과 정신을 갖게 되어 불타는 호랑이 눈알도 낚아채는 범 잡는 매가 된다.

사람도 그런 사람이 있어
逆境 속에 非凡한 인물이 되고
꽃나무도 그런 나무가 있어
北風寒雪 속에 매운 향기를 피워낸다.

낭

一筆揮之 거침없던 운필, 한 호흡에 딱 멈추고 스스로를 거둔 자리. 뭉텅, 꼬리가 아니라 제 몸을 잘라 벼랑으로 걸어두고 철철 피 흘리며 인고의 세월을 견디는 낭. 내쳐 뻗으며 한 발 더 내딛고 싶은 강렬한 유혹 떨쳐 이기고 눈 딱 부릅뜨고 자진한 斷崖. 아득하여라, 그 아래로 겁의 세월 흐르고 아직도 피 흐르는 가슴 낮에는 햇살 붉게 걸리고 밤에는 달빛 더욱 애절하니 분분한 눈발도 비껴 내린다.

아, 절체절명의 순간에 존재를 거둔 자리. 조심하라! 도처에 깔린 천 길 낭떠러지. 멈출 줄 모르는 욕망과 속도, 낭은 거대한 표지이니 위대한 자연이 궁행한 가르침 앞에서 걸음을 멈추고 옷깃을 여미라!

강

강이 기어간다, 느릿느릿 꾸물거림이 한없이 길다. 유장한 세월 같은 저 느림이, 강을 만드는가. 휘어지고 구부러짐이 강물을 출렁이게 하고 온몸으로 바닥을 기는 낮은 포복이 강을 밀고 가는 힘이 되는가. 흘러가다 힘 부치면 한 호흡 쉬며 돌아서 가고 그때마다 배를 뒤집으며, 강은 속에 든 무거운 것들 부리고 허물 벗듯 몸을 벗으며 새 굽이를 만들며 나아간다. 큰물 작은 물 모두 받아 높고 낮음 없는 한 몸 이뤄 저문 걸음으로도 천리를 가는 강, 낮은 곳으로만 흐름으로써 거슬러 오르는 수고 없이 바다에 닿는 步法!

강이 흘러간다. 꿈틀꿈틀 새벽을 깨우는 푸른 목청에 하늘도 귀를 트고 새날을 연다.

구렁이 禪師

탁발 떠나며 몸을 푸니 유장한 강처럼 흘러 여기까지 온 이미 그 자신이 길이다. 그 길 오므려 똬리 틀면 탑이 되고 발원을 품고 수행중인 모습인데, 토굴 속에서 막 해제하고 나온 스님처럼 冬安居를 마친 구렁이 한 마리가 지금 첫 공양으로 토끼 한 마리를 취하고 있다. 통째 삼켜야 하는 새 話頭, 생각의 덩어리가 크다. 궁구가 잘 풀리지 않는 듯 그 몸이 길어진 연유를 알겠다. 또 다른 면벽과 용맹정진인가, 이마에 불끈 심지가 돋는다.

구렁이 묵은 껍질을 벗어놓으며 새 경계, 새 경지로 나아간다. 五體投止가 아니라, 전신의 밀착으로 수많은 고비를 넘어 오르고 오른 고산준령 봉우리에 떠오르는 달을 삼키면 밝고 환한 화두, 빛 덩어리가 안으로 내리며 迷夢을 태운다. 할!

죽은 나무를 노래하다

숲에서 죽은 나무를 보았다. 죽기 전, 나무는 온힘을 다해 가지를 하늘로 뻗으며 자신의 生을 이어가려고 애쓴 흔적이 역력했다.

부르튼 입과 눈썹, 곤두선 머리카락과 손톱, 푸름을 잃지 않고 존재를 증명하려던 생생한 현장의 흔적들이 목격되었다. 그러다가 어느 순간, 나무는 자신의 문을 닫은 후 안면을 거두고 우주로 향하는 통로를 끊었다.

그때부터 서릿발 같은 자기통제로 나무는 기울지도 쓰러지지도 않고 잔가지 하나 허투루 내리지 않으며 존재를 無化시키는 작업으로 열심히 제 몸을 지워 나갔다.

선 채로 삭으며, 다른 生命의 집이 되고 곳간이 되어 자연의 질서에 복무하며 더 이상 나무가 아닐 때까지, 서 있지 않아도 될 때까지 서 있다가 조용히 등을 누이며 몸을 내리고 허물어지다가 聖者처럼 눈감은 나무…….

죽어서 더 많이 보듬고
더 많이 꽃피우는 나무 앞에서
조용히 默念을 올리고 弔意를 표하자.

3부

직선에서

직선에서

사람들은

직선과 같은 곧은길에서

종종, 길을

잃는다

날아가는 나비

— 사람들은 모두 기둥이 되어 우람하게 서 있고
그 빽빽한 기둥 사이를 나비 한 마리가
팔랑팔랑 지나가고 있었다

모든 발 달린 것들이,
금방이라도 쏟아지듯
곧장 구를 것 같은 바퀴들이
붉은 신호등을
붉게 바라보며
가쁜 숨을 내쉬며 잠시 멈춘 사이
일사불란한 아, 그 모든 멈춤 위로
나비 한 마리
팔랑팔랑 날아간다
우주가 운행을 멈춘
그 틈새 사이로

사과나무의 사과

사과나무는 사과한다
하늘 향해 팔 뻗고 서서
제 아래 그늘을 사과한다
죽죽 뿌리 뻗어가다
밀어낸 돌멩이에게 사과하고
여린 풀들에게는
가로챈 거름을 사과한다
수시로 떨어뜨린 낙과로
다치거나 혼비백산한
벌레들에게도 사과한다
이 모든 사과를 합하여
가을날, 사과나무는
한가득 빨간 사과를 내민다

소크라테스

오늘날 우리가 알고 있는 대로 소크라테스는 인간적인 약점과 함께 겁과 용기를 동시에 지닌 참 인간이었고 참 스승이었다. 그는 懷疑하는 법을 가르쳤던 것이다. 이 점에서 제자들뿐 아니라 후세의 지식인들에게도 사표가 되었다. 당시의 지배계급이던 귀족들이 볼 때 소크라테스는 아주 불온한 바이러스 같은 존재였다. 이 바이러스를 방치했다가는 체제 자체가 오염될 수 있었다. 귀족들은 이 바이러스가 그의 입을 통하여 전파되고 있음에 주목하였다. 그들은 그의 입을 죽이기 위해 毒이 든 잔을 마시게 하였다. 그러나 정작 죽은 것은 그의 입이 아니라 소크라테스의 거추장스러운 몸뚱이였다. 살덩이를 떼어버린 소크라테스의 입은 그때부터 폭발하기 시작하여 2천년이나 지난 지금까지도 다물어지지 않은 채 말하고 있는 것이다.

"너 자신을 알라! 너 자신을 알라! 너 자신을 알라!"

길바닥에 壓印되다

며칠 째 애쓰고 있다
길바닥 死神에 붙잡힌 날개
날아오르기 위해 퍼덕이나
아스팔트 검은 이빨은
꽉 물고 놓아주지 않는다
달려오는 바퀴의 폭력을 감지하고
날개를 펼치는 찰나
이륙하지 못한 몸통만
무자비한 가속에 壓印되었다
생시의 습관을 버리지 못한 날개는
납작하게 눌러 붙은 몸을 떠메고 가려고
찢어진 채로 연신 펄럭인다
그때마다 아스팔트길은 팽팽해지고
펄럭임만 벗겨져 하늘로 솟아오른다
죽음도 생도 아닌 경계에서
어디로 배송할 주검인지
입 없어 말하지도 못하고……

하우스 푸어

— 달팽이

뼈 빠지게 일하여

어렵사리 마련한

뼈로 지은 집

너무나 소중하여

업고 다니지요

종소리

桐華寺 범종소리 듣는다. 절은 몇 개의 소리로 존재한다. 바람에 우는 풍경소리나 새벽 목탁소리와 독경소리 그리고 저녁에 울리는 법고소리 예불소리 그런 것만 있으면 절은 없어도 된다. 부처도 선사도 대중도 없이 소리만 살아도 된다. 모든 사물은 소리를 가지고 있어 山도 鐘으로 울 때가 있다. 가던 걸음 멈추고 귀 기울이다가 문득 전생이나 후생의 소리를 들을 때처럼 종소리를 듣는다. 고구려가 울리는 광대무변의 종소리 아침과 저녁이 다른 강물의 종소리 그믐에서 만월까지 울리는 달의 종소리 밤하늘 별들이 울리는 반짝이는 종소리 달맞이꽃 금강초롱꽃 풀꽃들의 앙증스런 종, 동짓날 쏟아지는 함박눈은 하나하나가 종이 되어 울리며 내린다.

모든 소리가 끝난 뒤 울리는 적요의 종소리처럼 사람의 가슴에서도 종소리가 난다. 깊고 심오한 가슴에서 울려 퍼지는 가장 아름다운 종소리에 기대어 나도 종이 되어 울고 싶다.

민둥산에서 하룻밤

저기 웬 수도승인가, 머리 빡빡 깎고 長坐不臥하네. 저기 웬 늙은 소인가, 천천히 되새김질하며 하늘 아래 누워 노을을 뱉고 있네. 오랜 수행이 빚은 모습 가릴 것도 치장할 것도 없이 곳곳에 바위를 앉혀 중심을 잡네. 표정은 있되 변화는 없고 산은 있으되 숲은 없으니 바람 불어도 고요함을 지키네.

默言精進이 쌓은 내공으로 無心無量의 경지에 오르니 안이 더 깊고 큰 山, 언제나 느긋하고 넉넉한 품으로 인자함과 기다림을 가르치고 억만년 억새를 풀어 키우며 안으로 절벽을 감춘 山, 떠오른 달을 목말 태우고 별들의 길마로 지워진 아름다운 민둥산에서 하룻밤!

산불

산이 활활 불타고 있는 것을 보며 내심 내가 타고 있는지도 모른다. 우르릉 우르릉 소리를 내며 타오르는데 기실 타오르는 것은 내 울음인지 모른다. 벌건 하늘 깜깜하게 물들이며 끓어오르는 것은 내 가슴인지 모른다.

죽은 줄만 안 시커먼 산이 번쩍 번쩍 제 몸을 들어 올리며 생살을 태워 하늘에 반란함은 千年萬年 山일뿐인 山이, 山 아닌 다른 무엇으로 태어나고 싶은 것일 터이고 피 묻은 입 쩍쩍 벌려 어둠을 베어 물고 흐흐흐 도깨비 웃음 흘리며 어둠에 반란함은 더 이상 어둠에 길들여질 수 없는 절박한 산의 분신焚身 같은 것인데,

그것이 어둠을 사르고
하늘에 닿는 소지이길 바라는 것은
그 또한 우리들의 염원
바로 그것인지도 모른다.

旦山 갈참나무

수고 19 미터 가슴높이 둘레 4.5 미터 수령 7백 년인 단산 갈참나무의 장수비결은 아주 조금씩 자라는 것이다. 누가 그러는 것이 아니라 스스로의 모습으로 증명하는 것인데, 자신이 자신을 설명하는 가장 적실한 標識이다.

하나의 줄기 위에 그토록 많은 세월을 이고 오래도록 한 자리에 서 있음은 숲과 같다. 아침저녁 놀을 마시며 한꺼번에 자라거나 빨리 자라고자 했다면 지금쯤은 고사목이 되어 風葬 중이거나 자취마저 사라진 폐목이 되었을지도 모른다. 조금씩 먹고 조금씩 자람으로써 成長을 계속하고 성장하는 동안 늙지 않았으니 단산 갈참나무는 아직도 청년의 숨을 쉰다.

우리가 그 몸속으로 난 길을 찾아 한 걸음이라도 걸어들 수 있다면 신성한 생명의 비의를 훔칠 수 있겠지만 나무는 제 안으로 들어오는 모든 길을 감추고 있다.

반계리 은행나무*

세상의 모든 나비들의 출처
나비의 자궁이다
팔랑팔랑 모든 나비는
여기서 태어난다
한철은 푸른 나비
또 한철은 노랑나비

* 반계리 은행나무 : 강원 원주시 문막읍 반계리 1495-1번지에 있는 천연기념물 167호. 800살쯤 된 노거수로 우리나라에서 가장 아름다운 은행나무로 알려져 있다.

임고서원* 은행나무

11월, 포은 鄭夢周의 충절을 기리는 임고서원 은행나무는 아직도 갑옷을 입고 서 있다. 무수한 청동 쇠붙이로 만든, 단 하나의 逆鱗도 용납 않는 충신의 갑옷!

모두가 푸른색을 버리고 노랗게 물들며
새 세상을 꿈꾸는데
아직도 푸른 땀 뻘뻘 흘리고 있다.

선죽교에 뿌린 피 오백년을 흘러내려
사당 산수유 열매로 낭자하니,
임고서원 은행나무
홀로 시절을 거역하고 푸르게 서서 高麗적 하늘 떠받치고 있다.

* 임고서원 : 포은 정몽주 선생을 기리는 서원으로 경북 영천시 임고면 양항리에 있다. 서원은 경상북도 기념물 제62호, 서원내의 은행나무는 경상북도기념물 제63호로 지정되어 있다.

4부

거미考

장미

한 잎
한 잎

져 내리는

붉은
장미꽃

一片丹心이 바닥에 떨어져 밟힌다

분론

명사 '분'에 관한 민중국어사전에 풀이된 열 몇 개의 항목 중 나는 몇 개의 의미항을 골라냈다. 우선 경북 방언으로 허파를 말하고(분2) 평북 방언으로는 국수틀을 말한다(분3). 또 조선시대 무과에서 성적을 매기던 단위(分6)에 분이 있고 시간의 단위(分8), 흙을 담아 화초나 나무를 심는 그릇으로 분(盆)이 있는데, '분에 심어 놓으면 못된 풀도 화초라 한다.'는 속담이 있다. 임금이 몸소 밭을 갈고 씨를 뿌릴 때 쓰던 삼태기(畚11)도 분이라 하는데 대오리로 만들어 푸른색 칠을 하였다. 분12(粉)는 얼굴빛을 곱게 하기 위하여 얼굴에 바르는 화장품의 하나이고, 억울하고 원통한 마음의 분13(憤/忿)[분:]이 있고 그 다음 분14(糞)에 와서 비로소 분은 똥을 의미한다. 나는 냄새나는 똥이자 내 속에도 들어있는 것을 그제야 겨우 만난 것이다.

연기煙氣의 힘

고래와 구들의 곡선과 그을음 앉은 미로를 통과하여 나온 연기는 힘이 세다. 구불구불 구부러지고 휘어져 한 백리쯤 헤쳐 나온 힘으로 하늘에 안 보이는 새 길을 내며 올라간다. 숨 막히는 밑구멍을 빠져나온 힘은 바람에도 지워지지 않고 유연하게 저를 표하며 꼬불꼬불 비뚠 글씨로 허공의 칠판에 상소문을 쓰며 올라간다. 글쓰기가 끝나자, 이제 문장을 버린 연기는 거무스레한 또는 희끄무레한 포즈로 고뇌의 형상이 되다가 긴 여운을 가진 후렴으로 흩어져 허공중으로 사라진다.

욕실 고치는 사람

저자거리에 가면
'욕실 고치는 집'이 있다
얼른 읽으면
욕설 고치는 집으로 읽힌다
그래서 한 번 더 보게 되는데
'욕실 고치는 집'이다
돌아서면서 떠오르는 것이
나라 고치는 집은 없을까
나라가 병들었다는데
나라 고치는 집이나
나라 고치는 사람은 없을까
욕실 고치는 집
욕실 고치는 사람은 있어서
광고까지 하는데
나라는 관두고라도
욕설 고치는 사람
욕설 고치는 집이라도 있으면 좋겠다
삼천리금수강산
욕실은 좋은데 욕설은 난무하니까!

地球의 주인

지구의 주인은 直立步行 하는 사람이 아니라 전신으로 거죽을 기며 애무하여 쓰다듬고 입 맞추며 그 속에 집 짓고 먹고 자고 새끼 까고 온몸으로 사랑하고 안으며 품속으로 스며드는 여러 종의 벌레들이다. 여러 종이라 하니 갑자기 벌레들 사는 땅에서 鐘소리들이 들린다. 딩동댕당 저마다의 種들이 내는 종소리 지구에 환하게 울려 퍼지는 종소리…….

인간은 지구를 검은 아스팔트로 복면시키고 종소리보다는 총소리나 내지만 여러 종의 벌레들은 여러 종의 종소리로 지구를 가락에 실어 빙글빙글 돌게 하고 행복한 꿈을 꾸게 한다.

연꽃

미국 과학자들이 중국의 한 연못 바닥 진흙 속에서 채취한 오백 년 묵은 연꽃 씨를 배양해 연꽃 봉오리를 맺게 하였다 한다

어떻게 작은 꽃씨 하나가 습한 연못 바닥에서 썩지 않고 견뎌 오백 년 전의 색과 빛과 형태를 오늘에 꽃 피워 낼 수 있었을까?

꽃씨니까 그럴 것이다
씨 속에 갈무리된 오백 년이 꽃 핀 것이고
오백 년 전의 어느 여름날이 꽃 핀 것이다

꽃보다
더 아름답게 핀
오백 년 전 그 어느 하루!

거울

그저 반반하다고나 할까
거울엔 耳目口鼻가 없다
제 얼굴이 없으니 세상 사물이나 비추고
金씨 朴씨 李씨 들의 耳目口鼻나 비춘다

우리가 거울을 보면서도
정작 보는 것은 제 모습이다
그 앞에 수백 번 고쳐 서도
거울 속으로는 한 발자국도 들지 못하고
결국 제 얼굴과 맞닥뜨리고 만다

처음엔 저 반반한 거울이
마음속까지 비춰낼까 조마했는데
금방 금방 지워내고 무표정하니
거울만 한 고해신부가 어디 있으랴
어떤 기억의 흔적도 남기지 않는다

이제 사람들은 거울을 벗하여
거울 없이는 하루도 못 산다
누구든 저를 버리고 제 이목구비를 숨기면

거울처럼 세상사 비춰낼 수 있으리라
세상의 고해신부가 될 수 있으리라

사다리

북경 주재 캐나다 대사관저 삼엄한 경비를 뚫고 철조망 너머로 세워진 사다리. 아슬아슬 벼랑을 기어올라 47명이나 되는 탈북자들이 죽음을 넘어 生으로 굴러 떨어졌다. 캐나다는 지구 저편에 있는데 참 멀리도 넘어갔다.

벽은 사다리를 세우고 절망도 사다리를 세운다. 아시아로 아프리카로 남극으로 북극으로 침팬지로 도요새로 반달가슴곰에게로 세상 곳곳, 우주 곳곳으로 사다리가 세워진다. 장애 앞에 세워지는 사다리, 장애에 기대어 장애를 넘어간다.

들녘의 무지개
사막의 토네이도
바다의 용오름
하늘로도 사다리는 올라간다.

무릎에 핀 꽃

꽃 꺾다가 넘어져 무릎이 까졌다. 애써 피운 꽃 꺾는다고 화난 땅이 무릎에다 고만한 꽃을 피워 놓았다. 무릎의 살을 찢고 핀 붉은 꽃처럼 모든 꽃은 몸을 찢어 핀다. 풀이든 나무든 구름이든 자기 몸과 살을 찢어 피우는 것이다. 나뭇가지를 찢고 나오는 순 묵은 살 부풀려 툭, 툭, 터지는 꽃 모두 제 몸을 열고 나온다. 생살 찢는 아픔이 있어 꽃향기 아련하고 피와 살은 물들어 고운 것이다.

작은 씨앗들처럼 우주라는 것도 처음 생길 때 그 몸을 찢고 해와 달과 별이 태어난 것이고 사람의 거룩한 꽃인 아기도 어미의 몸을 열고 나와 어미 가슴에서 솟아나는 하얀 피를 먹고 자라 사람이 되는 것이다.

흔드는 손

마지막일 수 있어서일까, 사람들은 오는 차 보고는 손 흔들지 않고 떠나는 차 보고는 손을 흔든다. 지하철 아양교역 울리는 신호 따라 전동차가 도착하고 다시 소음을 쏟으며 출발할 즈음 창밖에 한 어린 소녀 조그마한 조막손 펴들고 살랑살랑 흔든다. 우주선을 향해 손 흔드는 지구 아이처럼 안 보일 때까지 손 흔든다. 그 잔상이 마음 창에 남아 있는데 한 바퀴 세상 볼일 두루 보고 지하철에 올라 다시 그 자리에 돌아왔을 때, 그 소녀 어느 새 할머니가 되어 아직도 손 흔들고 섰다.

또 누군가 떠나가는 이를 향해
저문 손 반짝 반짝 흔들고 있다.

빈집에는 빈 소리가 산다

빈집에는 소리가 산다. 그것도 빈 소리가 산다. 문 여닫는 소리 기침소리 시렁에 그릇 달그락거리는 소리 숟가락질 소리 화로에 부삽 놓는 소리 뻑뻑 담뱃대 빠는 소리 벽 따라 무럭무럭 연기 오르는 소리 두런두런 말소리 간간 한숨소리 혀 차는 소리 우물에 두레박 내리는 소리 마당 쓰는 소리 해거름 때 땅거미 지는 소리 뒤란에 감 떨어지는 소리 마당에 고추 마르는 소리 다듬이질 소리 디딜방아 찧는 소리 여물 써는 소리 소 방귀 소리 소댕 여는 소리 마루 건너가는 발걸음 소리 빛과 그늘이 자리 바꾸는 소리 뒷바라지 문에 햇살 튀는 소리 못에 녹스는 소리 비오기 전 청개구리 울음소리 병풍 속 장닭 우는 소리 빈집이 내는 빈 소리 빈 것들의 소음…….

모든 고요가 소리를 내듯 시간 또한 소리를 내고 모든 비어 있는 사물들도 소리를 낸다.

울고 있는 옷

시커멓게 그을린 타일 바닥과 벽면 틈으로 새겨진 불보다 더 뜨거운 비명들 자욱히 밟히는 대구 지하철 중앙로역 계단…….

阿鼻叫喚의, 숨 막히는, 絕體絕命의 시간을 가까스로 넘긴 2003년 2월 25일 오후,

도무지 미덥지 못한, 신뢰할 수 없는 인간, 호모 사피엔스*를 벗어놓고 뜨거운 불구덩이에서 탈출한 옷이 곳곳에 널브러져 울고 있다.

* 호모사피엔스Homo sapiens : 생각하는 사람이라는 뜻으로, 30만 년 전에 나타난 인류의 조상. 이들은 불을 사용해 조리를 하고 집단생활을 했다. 2003년 2월 18일 발생한 대구지하철 참사는 불(방화)로 인한 대참사였다. 2월 25일은 참사 일주일째 되는 날이다.

거미考

서재 천장 모서리에 못 보던 거미줄이 처져 있다. 어설픈 거미줄 끝에는 검정 팥알처럼 웅크린 거미도 보인다. 거미집은 주린 거미의 목구멍 같다. 제 목에 거미줄을 치다니! 이 추운 겨울, 방안에 뭘 거둘 게 있다고 거미줄을 쳐 놓았을까? 검은 허기와 지루한 기다림만 걸려 있다.

하늘에 집을 짓고 사는 하느님이고, 그물에 걸리는 희생물로 제사를 바치는 제사장이며, 촘촘히 법망을 짜는 입법관이자 육법전서를 펼쳐놓고 피고를 기다리는 검은 법복의 재판관인 거미, 어딘가 줄 끝을 붙잡고 입맛 다시는 소리 들린다.

천장에 떠다니는 것은 내가 피워 올리는 담배연기뿐이다. 저 놈이 지금 연기를 걷고 있나? 무럭무럭 꽁무니로 담배 피우며 요소요소 목구멍을 걸어놓는 놈이 그럴 리가 없다. 혹, 우주로 안테나 펼치고 神의 지혜를 훔치려는 인간을 흉내 내는가? 아니면 상상의 덫을 놓고 무슨 영감靈感이라도 떠오르기를 기다리는가?

빗자루로 먼지 앉은 거미줄을 걷어낸다. 천장엔 새 거미줄이 다시 쳐진다. 그 줄 끝 어딘가 눈에 띄지 않는 틈서리에는 헛된

희망에 매달려 고약처럼 붙어 있는 딱한 거미가 있을 것이다.

거기 조그맣게 엎드려 있는 내 모습도 보인다.

5부

우화시

등대

어둠이 내리자
작은 섬에는 등대가 켜졌습니다

이를 본 밤이
섬을 점령하고자
세상의 모든 어둠을 불러 모았습니다

그러나 바다를 가득 메운
어둠 덩어리로도
그 작은 등대의 불빛만은 어쩌지 못하였습니다

등대는
밤새도록
자신을 지키고
섬을 지키며
바다를 지켰습니다

상아

아프리카 초원에 멋진 상아를 가진 코끼리가 살았습니다

그런데, 바로 그 상아 때문에
밀렵꾼들의 목표가 되었지요

언제 어디서든 숨거나 달아나야만 했습니다

어느 날, 그가 추적의 목표가 된 상아를 떼어버리고 나자
더 이상 밀렵꾼들의 목표가 되지 않았습니다

언제 어디서나 자유로울 수 있게 된 것이지요
혹, 자신의 상아 때문에 어려움을 겪고 있지는 않는가요?

세상의 주인

어느 날, 침묵과 소리 사이에 시비가 일었다
서로 세상이 자기 것이라는 것이다
둘은 서로 자기를 주장하기 시작했다
소리가 온갖 소리를 내며 떠들어댔다
그 동안 세상은 분명 소리의 세상 같았다
한참 떠들던 소리가 가만히 보니
침묵은 한쪽 구석에서 입을 꾹 다물고 있었다
소리가 침묵을 보고 말했다
"그래, 누가 주인이지? 누구의 세상이지?"
침묵은 아무 말도 없이 가만히 있었다
"이 봐, 누구의 세상이지?"
소리가 대답을 기다릴 동안 세상은 고요했다
온 전체로 하나의 커다란 침묵의 덩어리로 변해 갔던 것이다
깜짝 놀란 소리가 다시 소리를 지르기 시작했다
소리의 아우성이 끝나자마자
세상은 다시 깊은 침묵 속으로 빠져드는 것이었다
소리가 지르는 소리들이야말로
고작 커다란 침묵의 거죽이나 울리다가 마는
비명 같은 것임을 깨달으며 소리는 입을 다물고 말았다

잉어

어떤 이가 연못에 잉어를 길렀다 아침저녁 연못가에 가서 딱! 딱! 딱! 손뼉을 세 번 치고는 먹이를 던져 주었다 처음엔 아무 움직임도 없던 잉어들이 얼마 뒤에는 손뼉 소리만 듣고도 주둥이를 벌름거리며 발 아래로 몰려들었다

그 얼마 후, 주인은
아무것도 준비하지 않고
연못에 가 손뼉을 쳐보았다
여전히 잉어들은 달음질쳐 왔다
속임수가 분명함에도 몰려들었다간
힘없이 돌아서 사라지곤 하였다

그는 이제 그 잉어들을 세상의 무엇보다도 사랑한다
수십, 수백 번의 헛수고에도 불구하고,
그에게 희망을 걸고,
기쁜 낯으로,
절망의 물속에서 솟아오르기 때문이다

(우리 모두 절망의 물속에 사는 잉어들은 아닐까?)

열쇠

잘 생긴 자물통이 하나 있었다
그걸 열기 위해 열쇠들이 팔을 걷고 나섰다
어떤 열쇠는 너무 커 구멍에 아예 들어가지도 않았다
또 어떤 열쇠는 들어가기는 들어갔으나 돌려지지가 않았다
또 어떤 열쇠는 돌려지기까지는 했으나 찰칵, 소리가 나지 않았다
그리고 또 어떤 열쇠는 찰칵, 소리까지는 났으나
자물통의 고리를 벗겨 놓지는 못했다
모든 열쇠들이 다시 나서서 시도해 보았다
결과는 마찬가지였다
어느 것도 열쇠로서는 소용이 없었다

그런데도 구멍에서 빠져나온 열쇠들은
저마다의 시도를 자랑하며, 소용없는 성과를 늘어놓기에 바빴다
"나는 근처까지 갔었다"
"나는 직접 문 앞까지 갔다"
"나는 문고리까지 잡았다"
"나는 당겨보기까지 했다"

그러나 어느 것 하나도 자물통을 열지는 못하였다

시계수리

어떤 사람의 시계가 고장이 나 멈추어 섰다 그 사람은 시계를 고쳐보기 위해 뚜껑을 열었다 시계는 굉장히 많은 작은 부속품들을 내장하고 있었다 그것들은 시계가 잘 가는 데에 오히려 방해만 될 것 같았다 그는 시계의 숨통을 터주기 위해 부속품 중의 반을 빼내었다 그래도 시계는 가지 않았다 이번에는 빼놓은 부속품 중 맞춤한 것으로 생각되는 부속을 하나 골라 집어넣었다 시계는 가지 않았다 다시 또 부속 하나를 집어넣었다 그래도 안 갔다 '조그마한 것이 웬 고집이람?' 그는 작은 부속 하나를 더 넣었다 역시 움직이지 않았다 그리하여 하나씩 집어넣다가 마침내 손을 털며 마지막 부속까지 집어넣었다 그러나 시계는 움직이지 않았다 참 기가 찰 노릇이었다 제 속에서 빼낸 것을 전부 다 도로 집어넣었는데 무엇을 더 넣어야 된단 말인가?

결국 그는 시계에다 돈을 더 집어넣었다
수리 점에서 그 돈은 질서라는 이름으로 조립되었다
그제야 시계는 똑딱거리며 가기 시작했다

당겨야 열리는 문

어떤 크고
근사한 문이 있었습니다

그 문은 아무리 밀어도
열리는 문이 아니었습니다
안으로 당겨야 열리는 문이었지요

그러자면 뒤로 한 발 물러서야만 했습니다

사람들은
바로 그 한걸음 때문에
문을 여는 데 실패하였습니다

먼 길을 걸어
문 앞까지 온 그들인지라
도무지 물러나려 하지 않았던 것입니다

절

어떤 사람이 몇날 며칠을 걸어 생전 처음인 어떤 곳에 당도하였다 그 사람은 마침 소금밭에서 소금을 굽고 있는 한 노인을 만나 절을 하였다 그곳은 그가 한 번도 와 본 적이 없는 곳이었으므로 노인 또한 만난 적은커녕 본 적도 없는 사람이었다 그는 절을 하며 그 처음 보는 노인에게 다음과 같이 말했다

"저는 아주 먼 곳에 사는 사람입니다. 저도 어르신을 모르고 어르신도 저를 모릅니다. 그러나 저는 먼 길을 걸어 여기까지 왔습니다. 누군가를 뵙고 인사드리기 위해서입니다. 바로 어르신이 오래 전서부터 여기 이렇게 계시기에 저 또한 제가 사는 곳에 그렇게 있을 수 있지 않았나, 해서입니다. 늘 고맙게 생각하며 한 번은 꼭 인사를 드리고 싶었습니다. 죽기 전에 다시 뵈올 수 있을지 모르겠으나 부디 건강하시고 다복하시며 평안하시기 바랍니다."

나무 심는 노인

한 나그네가 어떤 마을을 지나다가 나무 심는 노인을 보았다

백발이 성성한 노인이 심고 있는 나무는
놀랍게도 한 번 열매 맺는 데
30년이나 걸리는 금나무였다

나그네가 물었다

"어르신, 이 나무는 30년 뒤에나 열매를 맺을 건데요
그때까지 살아계시겠습니까?"
노인은 허리를 펴고 주름진 이마의 땀을 닦으며 대답했다

"그게 무슨 상관인가요, 열매 맺는 건 나무지 내가 아니잖소?"

쇠붙이 전쟁

농사짓는 쇠붙이와 전쟁하는 쇠붙이 간에 다툼이 일어났다

농사짓는 쇠붙이들이 나서서 말하기를
우리는 사람들과 가축들이 먹을 양식을 만들어내므로
우리가 먼저라고 하였고
전쟁하는 쇠붙이들은 자기들이 아니면
아무리 농사지어봤자 전쟁이 나면 말짱 헛일이므로
자기들이 먼저라고 주장하였다

마침내 두 쇠붙이들 간에 전쟁이 시작되었다
그런데 싸움은 간단하게 끝이 났다
애당초 오래 갈 싸움이 아니어서
승부는 금세 판가름 났던 것이다

농사짓는 쇠붙이들은 군소리 없이 일하러 갔다
전쟁하는 쇠붙이들은 요소요소 망루를 세우고 철망을 친 후
그곳을 지키며 다른 쇠붙이들을 감시하였다

들의 곡식을 잘 키우도록
소와 닭을 잘 치도록
또 옷과 땔감을 부지런히 만들어 놓도록….

물건

어떤 젊은 부부의 집에 굉장히 오래 된 물건이 하나 있었다 그 물건은 그 집 할머니가 시집올 때 가져온 것으로서 그 집의 어떤 家具나 물건보다도 오래 된 물건이었다 그리고 그 물건은 비록 먼지는 뒤집어썼지만 다락에 잘 보관되어 있었다 그런데 그 물건을 애지중지하던 할머니가 세상을 떠나자 곧 그 물건도 버려졌다 무려 50년 이상 보관되고 관리되어 오던 물건이었고 30년 동안은 단 한 번도 사용되어 본 적이 없는, 그러나 그 용도만은 분명히 남아 있던 물건이었다

보다 중요한 것 1

어느 돈 많은 부자가 하느님께 보속으로
아주 값진 다이아몬드를 갖다 바쳤다
하느님께 자신의 죄를 뉘우치고
앞으로는 죄 짓지 않고 살겠다고 다짐하며 용서를 청했다

하느님은 기꺼이 그 예물을 받으시고 부자를 용서하셨다
축복을 받고 돌아 나가던 부자가 다시 하느님을 향해 말했다
"주님, 그 보석 진짜입니다."

하느님은 물끄러미 부자를 바라보시다가 말씀하셨다
"그건 상관없다. 네 마음만 진짜면 돼!"

보다 중요한 것 2

어느 귀부인이 지은 죄에 대한 보속으로 교회에 값비싼 보석을 바쳤다

그리고 앞으로 다시는 죄 짓지 않겠다고 주님 앞에 맹세하여 용서를 빌었다

이에 하느님을 대리한 교구의 주교가 친히 나와

기꺼이 예물을 받고 부인의 죄를 용서하였다

축복을 받고 돌아 나가던 귀부인이 주교를 향해 말했다

"주교님, 진심입니다."

그러자 주교는 고개를 끄덕이며 말했다

"자매여, 그건 하느님께서 판단하실 일이매 상관없다.

나로서는 그 보석만 진짜면 돼!"

목표

어떤 안 되는 것이 있었다
그 안 되는 것은 아무리 어떻게 해봐도 안 되는 것이었다
그런데 이 안 되는 것을 해보는 것을
목표로 정한 사람들이 있었다

먼저 조직을 만들고 강령을 만들었다
그리고 그 안 되는 것을 붙들고 끊임없이 시도했다
그러나 안 되는 것은 안 되는 것이었다

조직 내의 일부가
이제 안 되는 그 일은 그만두고 다른 일
즉 무엇이든 되는 일, 할 수 있는 일을 해보자고 주장하였다

더 많은 사람들이 그 의견에 반대했다
그 안 되는 것을 되게 하는 것이야말로
진정 해볼 만한 일일 뿐 아니라
그게 바로 그들의 목표가 아니냐는 것이었다

그들은 오늘도 그 안 되는 것에 매달려 있다고 한다

회색 이야기

검정색과 흰색의 중간에 회색이 살았다

어느 날 회색이 흰색한테 놀러 갔다
흰색은 전혀 반갑지 않은 표정으로 말하였다
“애, 너한테는 검정색이 들어있어.
내가 얼마나 그 색을 싫어하는지 알지?
그놈은 나만 보면 더 검어진단 말이야. 알겠어?
그놈은 우리 모든 흰색의 원수야,
너도 내 곁에 오지 마. 검정한테나 가봐.”

회색은 검정색에게로 갔다
회색이 검정에게 다가가니
검정은 검정대로 몸을 사리며 말하였다
“이봐, 여기가 어디라고 오는 거야.
네게는 흰색이 섞여 있단 말이야.
그놈은 나만 보면 더 하얘지려고 기를 쓰는데
흰색이란 천한 색이야. 내 몸을 좀 보라고.
검어서 빛이 날 정도이지. 어디까지나 검정 일색으로 순수하다구!”

>

회색은 어느 쪽에도 갈 수가 없었다
어느 편에서도 달가워하지 않았고 멀리하려고만 했다
회색은 희지도 검지도 않은 자신을 원망하였다
왜 나는 어중간한 회색이란 말인가?
회색은 슬픈 마음으로 중간에 가만히 머물러 있었다
그러나 그것도 잠시, 검정과 흰색이 양쪽에서 눈을 흘기기 시작했다
회색은 말없이 두 색 사이를 빠져나와 어딘가로 가 버렸다

이제 흰색과 검정색만 남았다

얼마 후, 회색이 돌아왔다
회색이 빠져나간 자리는
어느새 검정과 하양으로 채워지고
놀랍게도 두 색은 서로 섞여 하나로 되어 있었다
흰색은 회색이 되고 검정색도 회색이 되어
서로 마주보고 있었던 것이다

해설

나무와 나비 혹은 찢음의 존재론

김상환 시인 · 문학평론가

나무와 나비 혹은 찢음의 존재론

김상환 시인 · 문학평론가

말년의 양식이 있다면, 그것은 적어도 '결을 거슬러 올라가는 무엇'이다. 글렌 굴드와 장 주네에서 보듯이, 그것은 예술가의 주관성이 극도로 전개된 예술이며, 조화로운 완성이 아닌 어떤 충돌과 긴장이 표출된 예술이다. 주네를 읽는다는 것은 반항과 열정, 죽음과 재생이 서로 긴밀하게 얽힌 곳으로 끊임없이 돌아가는 것이자, 전혀 길들여지지 않은 특유의 감수성을 받아들이는 것이다(E · 사이드,『말년의 양식에 관하여』). 박방희의 시를 읽으며 이런 생각을 떠올리는 것은, 일차적으로 고희가 넘은 나이에도 불구하고 여전히 현재의 시인으로, 작가로 활동하고 있는 그의 언어와 세계 때문이다. 그의 산에는 낙타가 산다. 그의 사막에는 뱀이 뛰어다닌다. 그가 거처하는 방구들에서 새어 나오는 연기는 새로운 길이자 사라지는 힘이다. 그는 분뇨에서 생명의 꽃을 피워내며, 그의 시는 "남은 것들의 쓸쓸한 노래(와) 고단한 생애"를 이야기한다. 거스름을 말한다. 이 경우 거스름의 정신은 부정을 위한 부정이 아닌, 순리에 기반해 있다. 그의 시에는 "풍경 하나에 우주의 비밀을 읽어내고/ 어느 한 순간의 풍경 속에 깃든 영원"(「풍경風景에 관하여」)이 있다. 생명과 우주, 경계와 나무, 그리고 길의 모티브가 지배적인 이번 시집 『나무 다비』에서 크게 돋보이는 것은, "삶과 죽음의 경계를 매 순간 뛰어넘으며 원초적인 생명 의지生命意志를 구현하는 존재"(「뛰어다니는 뱀」)의 비밀 내지는 "온힘을 다해 가지를 하늘로 뻗으며 자신의 生을 이어가려고 애" (「죽은 나무를 노래하다」)쓰는 시인의 의지와 표상이다.

"처음 세상이 생길 때 속으로 끓던 그 무엇이 위로 치솟았을 것이다." 이렇게 시작되는 시 「山에는 낙타가 산다」를 유추해 보면, 시는 갈망이다. 그 무엇으로도 대신할 수 없는 상상과 에너지다. 시인의 산에는 낙타가 산다. 전체와 무한을 향한 갈망은 내면의 융기로 인한 산과 봉우리, 구릉과 산중 호수를 낳는다. 호수에 고인 물의 기쁨, 아니 슬픔은 천상의 새와 달과 별에 가 닿아야 함에도 불구하고, 가 닿지 못하는 하나의 심연이다. 그러다가도 시인에게는 광야와 평원을 내달리는 한 필의 말이 있다. 줄기차게 이어지는 산과 맥이 있다. 여기서 산이라는 사막은 인간의 실존과 대면하는 장소다. 사막의 낙타에는 업보처럼 스스로 걸머지고 가야할 산이 있다. 열사의 태양과 고독이 있다. 그런 초인으로서 시인은 "안으로 절벽을 감춘 山"(「민둥산에서 하룻밤」)의 아들이다. 시를 쓴다는 것은 절망 속에서 희망을 갖는 일이며, 고통 속에서 생의 환희를 맛보는 일이다. 시집 『나무 다비』에는 이러한 사유와 감각을 기반으로 한 정신과 자연, 인간과 우주, 침묵과 소리, 말의 예지와 힘이 잘 드러나 있다. 그럼 먼저 정신과 자연에 관한 시편을 보기로 하자.

> 북극해를 떠다니는 軍艦처럼 겨울 잿빛 하늘 떠다니던 검은 옷빛의 새들이 높다란 겨울나무에 다닥다닥 붙어 앉아 장엄미사를 드리고 있다. 울긋불긋 황칠한 인디언들이 조상의 魂을 불러내는 거룩한 의식을 집전하듯 바람 불어오는 쪽으로 머리를 두고 찬바람을 맞고 있는 것은 北風에 빗질하며 제 정신을 벼리는 것이리라.
>
> 무슨 나막신 귀신같이 앉아서 일제히 한 곳을 보지만 무얼 보는 것은 아니다. 막연히 북쪽 바람 부는 쪽을 향하고 있어 바람 부는 곳이 고향인가 싶으나 혹한의 極地를 그리워함이리라. 까마귀의 검정빛이 푸른빛을 띠는 것은 스스로 독을 머금으며 서슬 푸르게 氣를 단련하고 스스로 매질한 흔적일 뿐,
>
> —「까마귀, 정신을 벼리다」 전문

이 시의 중심 모티브인 까마귀는 "무슨 나막신 귀신"이거나 천형天刑의 새가 아니다. 그것은 검은 옷빛의 사제가 하느님에게 드리는 제의로서, 아득한 그 옛날 사람들의 혼이 서려 있다. "지상에서 가장 순정한 새"(「枯死木」)로서 까마귀는 정신을 벼리고 혹한의 절대 극지를 동경한다. 서슬 푸른 기운으로 스스로를 단련하며 무두질한다. 까마귀가 있는 겨울 산과 나무는 높고 속이 훤히 들여다보인다. 거기 떼 지어 앉아 미사를 드리고 있는 모습

에서 까마귀의 빛은 어느 하나가 아니다. 현묘한 까마귀는 새벽의 별빛처럼 검푸르다. 검은 옻빛의 새 까마귀는 거울의 이미지를 갖고 있다. 그 거울–물은 검기 때문에 능히 비출 수 있다. 이런 자태와 신비로운 모습은 거저 주어진 게 아니라, "바람 불어오는 쪽으로 머리를 두고/ 찬바람을 맞(으며)/ 北風에 빗질"한 인고의 결과이다. 바람 부는 곳이 새의 고향이라면, 해가 비치고 에너지가 차고 넘치는 곳이라면 어디든 까마귀의 정신적 거처가 된다. 이런 까마귀의 이미지가 「그루터기만 남은 나무」("어떤 집 뒤꼍에 큰 나무가 한 그루 있었다/ 어느 날 웬 까마귀 한 마리가 날아와/ 제일 높은 가지 위에 앉아 우는 것이었다…… 그리고 얼마 안 있어 그 밑동마저 그루터기만 남기고 베어졌다// 까마귀란 놈이 거기까지 와서 울었던 것이다")에 오게 되면, 묘오한 울음과 울림을 자아내게 된다.

정신의 끝간 데에는 까마귀의 울음과 빈 나무의 울림–공명이 있다. 시집 『나무 다비』에는 나무 시편들이 많이 눈에 띈다. 표제작인 「나무 다비茶毘」("나무는 태생적으로 선골이다./ 줄기 하나로 시작한/ 나무의 길은 하늘로 가고/ 천수관음의 손으로 우주를 만진다. …… 마침내 한 짐 화목으로/ 스스로 다비 한다.")에서는 나무의 선禪과 도道를 말하고, 「그루터기만 남은 나무」에서는 나무의 희생과 자비를, 「旦山 갈참나무」에서는 나무의 비밀("나무는 제 안으로 들어오는 모든 길을 감추고 있다.")을, 「枯死木」에서는 하늘을 우러러 수도하는 고승의 모습을, 「임고서원 은행나무」에서는 시절을 거역하는 푸른 정신을 말하고 있다. 그런가하면, 그에게 정신은 「낭」("一筆揮之 거침없던 운필, 한 호흡에 딱 멈추고 스스로를 거둔 자리. …… 아, 절체절명의 순간에 존재를 거둔 자리.")에서 보듯이, 위험천만이며 경계의 의미가 있다. 문명의 속도와 욕망의 길에 서 있는 우리는 그저 한 호흡만이라도 늦추고, 스스로를 거둘 필요가 있다. 그렇지 않으면 절체절명의 순간에 하나 뿐인 존재를 거둘 수 있다. 그 (무)의식의 단애가 낭이다. 다음은 좀 더 미시적인 읽기와 깊이가 요구되는, 침묵과 소리의 시편이다.

모든 발 달린 것들이,
금방이라도 쏟아지듯
곧장 구를 것 같은 바퀴들이
붉은 신호등을
바라보며
가쁜 숨을 내쉬며 잠시 멈춘 사이
일사불란한 아, 그 모든 멈춤 위로
나비 한 마리
팔랑팔랑 날아간다
우주가 운행을 멈춘
그 틈새 사이로

— 「날아가는 나비 —사람들은 모두 기둥이 되어 우람하게 서 있고 그 빽빽한 기둥 사이를 나비 한 마리가 팔랑팔랑 지나가고 있었다」 전문

오시프 만델스탐(1891~1938, 러시아 시인)의 말처럼, 시인은 공기를 훔치는 사람이다. 박방희에게 공기의 시학은 나비의

이미지로 드러나 있다. 없는 듯 있는, 작고 가벼운 나비 한 마리가 하늘을 난다. 지상의 모든 발 달린 것들이 붉은 신호등 앞에 멈춰 섰을 때, 경계 너머 저만치 나비가 날아간다. 나비는 사람과 기계들이 숨을 고르는 사이, 우주가 운행을 멈춘 사이, 우람한 기둥과 기둥 사이를 마음껏 유영한다. 모든 멈춤 위에는 고요라는 움직임이 있다. 그리고 동적인 이미지에서 정적인 이미지로의 전개에는 자연의 질서와 리듬이 존재한다. 나비는 나를 부정하고 무화시키는 순간 발현되는 사이 존재다. 그 나비의 현실과 환상의 세계에서 나는 그야말로 탄사를 내지르지 않을 수 없다. 두 발로 걷는 인간, 바퀴들의 로망은 지상이라는 굴레를 벗어나는 데에 있다. 길 잃은 나비, 아니 자유로운 나비가 허공을 난다. 그것은 곧 시인의 꿈이자 세속에서의 초월이다. 나비蝶는 이음接인 동시에 승화의 국면을 갖는다. 다음 시편은 인간과 우주 혹은 찢음의 존재론에 속한다.

> 꽃 꺾다가 넘어져 무릎이 까졌다. 애써 피운 꽃 꺾는다고 화난 땅이 무릎에다 고만한 꽃을 피워 놓았다. 무릎의 살을 찢고 핀 붉은 꽃처럼 모든 꽃은 몸을 찢어 핀다. 풀이는 나무는 구름이든 자기 몸과 살을 찢어 피우는 것이다. 나뭇가지를 찢고 나오는 순 묵은 살 부풀려 툭, 툭, 터지는 꽃 모두 제 몸을 열고 나온다. 생살 찢는 아픔이 있어 꽃향기 아련하고 피와 살은 물들어 고운 것이다.
>
> 작은 씨앗들처럼 우주라는 것도 처음 생길 때 그 몸을 찢고 해

와 달과 별이 태어난 것이고 사람의 거룩한 꽃인 아기도 어미의 몸을 열고 나와 어미 가슴에서 솟아나는 하얀 피를 먹고 자라 사람이 되는 것이다.

―「무릎에 핀 꽃」 전문

이 시는 우주에서 인간의 존재론적 지위를 드러내고 있다. 꽃이 새롭고 아름다운 것은 어두운 땅을 뚫고 나온 데에 있다. "나뭇가지를 찢고 나오는 순"과 몸을 찢어 피어나는 꽃이 그렇듯 자기 몸과 살을 찢어 피우지 않는 꽃이, 사람이 어디 있겠는가. "생살 찢는 아픔"으로 꽃의 향기가 더욱 깊고 멀다면, 아픔의 문지방은 둘을 잇는다. 그 결과 "피와 살(이) 물들어" 저리도 고운 법이다. 몸을 연다는 것은 몸을 찢는다는 것, 몸꽃이 핀다는 것이다. 상처가 풍경으로 전화轉化하는 순간으로서, 무릎에 핀 꽃이다. 이 경우 무릎은 신체의 이음Fügung이다. 그 이음의 자리에 꽃이 핀다. 자연 현상의 신비와 아름다움은 시의 후반에 접어들게 되면 아기가 등장한다. 아기는 더 이상의 아기가 아니라, "사람의 거룩한 꽃"이다. 그도 그럴 것이 아기는 어원상 말할 수 없는 in-fant, 심오한 존재로서 현玄의 사유 이미지에 속하기 때문이다. 작은 씨앗처럼 우주가 처음 생겨났을 때의 카오스를 한번 떠올려 보라. 아기는 생명의 근원인 우주의 몸을 찢고 나온 해와 달 그리고 별이 아니던가. 그런가하면, 찢음의 존재와 언어에는 반反의 사상, 역逆의 정신이 있다. 별안간 침묵과 소리의 관계가 궁금해진다.

빈집에는 소리가 산다. 그것도 빈 소리가 산다. 문 여닫는 소리 기침소리 시렁에 그릇 달그락거리는 소리 숟가락질 소리 화로에 부삽 놓는 소리 빽빽 담뱃대 빠는 소리 벽 따라 무럭무럭 연기 오르는 소리 두런두런 말소리 간간 한숨소리 혀 차는 소리 우물에 두레박 내리는 소리 마당 쓰는 소리 해거름 때 땅거미 지는 소리 뒤란에 감 떨어지는 소리 마당에 고추 마르는 소리 다듬이질 소리 디딜방아 찧는 소리 여물 써는 소리 소 방귀 소리 소댕 여는 소리 마루 건너가는 발걸음 소리 빛과 그늘이 자리 바꾸는 소리 뒷바라지 문에 햇살 튀는 소리 못에 녹스는 소리 비 오기 전 청개구리 울음소리 병풍 속 장닭 우는 소리 빈집이 내는 빈 소리 빈 것들의 소음……

모든 고요가 소리를 내듯 시간 또한 소리를 내고 모든 비어 있는 사물들도 소리를 낸다.

—「빈집에는 빈 소리가 산다」 전문

박방희의 시에는 농경 사회의 전통과 습속이 고스란히 남아 있다. 특히 소리의 상상력과 관련하여 "시렁에 그릇 달그락거리는 소리, 화로에 부삽 놓는 소리, 우물에 두레박 내리는 소리, 마당에 고추 마르는 소리, 다듬이질 소리, 여물 써는 소리, 마루 건너가는 발걸음 소리" 등이 그렇다. 시인의 기억과 상상 속에 존재하는 소리의 세계는 부재의 시간과 장소를 더욱 아련하고 새삼스럽게 만든다. 그런 그것이 "땅거미 지는 소리"와 "빛과 그늘이 자리 바꾸는 소리"에 와서는 정서의 깊이와 음영은 물론, 감

각의 형이상학으로까지 발전하여 더욱 새롭고 이채를 띤다. 그의 빈집은, 비어있음으로 충만한 시적 공간은 온통 고요가 지배하고 있다. 모든 고요는 발길을 멈추고 자신의 말과 소리를 드러낸다. 시간과 사물들은 어디에나 있지만, 누구라도 보고 듣는 건 아니다. 고요라는 말과 소리가 이토록 아름답고 유의미한 것은 바로 이 때문이다. 사제인 안셀름 그륀Anselm Grün에 의하면, 고요는 깨어있음 그 자체로서 하느님을 소유할 수 있는 순간을 말한다. 가장 심오한 신체와 영혼에서 가장 아름다운 소리가 울려 퍼진다("깊고 심오한 가슴에서 울려 퍼지는/ 가장 아름다운 소리", 「종소리」). 시인에게 있어 고요는 "안이 더 깊고 큰 山"으로서, "默言精進이 쌓은 내공(이자) 無心無量의 경지"(「민둥산에서 하룻밤」)에 다름 아니다. 다음은 그 연장선에서 살펴 볼 말의 예지와 힘에 관한 시편이다.

암자로 오르는 길 野生의 깨들이 군데군데 자라 허리까지 차오른다. 아무도 베어들이지 않으니 소문처럼 무성하다. 저대로 나서 목탁 소리나 듣고 자란 깨를 누가 따로 추수하랴. 그냥 그 자리에 꼿꼿이 서서 잎은 지고 대궁은 마른 채로 바람에 흔들거린다. 명상에라도 빠진 것일까, 하도 기척 없이 고요하여 슬쩍 옆구리를 쳐 본다 그러자 涅槃에라도 든 듯 눈감고 흔들거리던 늙은 깨가 자르르— 말씀을 쏟아 놓는다. 말씀의 깨알들, 깨알 같은 말씀들……. 신기하고 놀라와 툭, 한 번 더 건드려 본다. 다시 자르르—. 열반 중인 깨는 여전히 지혜의 말씀, 기름진 말씀의 알맹이들을 쏟아 놓는다. 마른 풀잎과 단풍 진 낙엽들에 떨어지는 말씀은 經 읽는 소리와 같다. 아니, 쏟아지는 깨알 하나하나가 바로 經이고 法이다. 고소하고 오묘한 法文, 거죽을 때려 속까지 울리는 명징한 말씀의 法會가 지금 한창이다.

이놈의 늙은 깨가 선 채로 涅槃하더니 이제 舍利까지 내 놓는구나!

—「암자 오르는 길 —野生의 깨」 전문

숨은 화자의 시선이 향해 있는 지점은 길의 끝에서 발견되는 아미타불이 아니라, 과정으로서 암자에 오르는 길이다. 그 길에는 야생의 참깨들이 무성하다. 아무도 베어들이지 않고 이렇다 할 관심조차 갖지 않은 야생의 식물은 저대로 나고 자라서 거기 그렇게 서 있다. "잎은 지고 대궁은 마른 채로 바람에 흔들거"리는 참깨는, 숫제 참선 중이다. 툭, 하고 건드리는 순간 호모 에렉투스homo erectus의 늙은 깨가 마구 쏟아진다. 말씀의 깨알들이다. "거죽을 때려 속까지 울리는 말씀의 法會"에는 깨알 같이 기름진 지혜의 말씀들이 마른 잎 위로 마구 떨어진다. 늙은 깨의 죽음은 마침내 사리舍利를 내어 놓는다. 누군가가 경經을 읽는다. 소리와 음에 의해 공간은 무한으로 화化하며, 존재의 언어는 인간을 응시한다. 인간은, 시인은 그 말의 아름다움과 비밀을 안다. 말의 힘과 예지를 믿고 있다. 딴은, 암자에 오르는 길이란 제 몸 속으로 나 있는 길이다. 진리의 말씀은 그 길을 거슬러 오르는 이에게 주어지며, 오늘 이 하루에 있다("꽃보다/ 더 아름답게 핀/ 오백 년 전 그 어느 하루!" (「연꽃」). "떠오른 달을 목말 태우고 별들의 길마로 지워진 아름다운 민둥산에서 하룻밤!” (「민둥산에서 하룻밤」).

박방희의 이번 시집『나무 다비茶毘』에 드러나 있는 자연-사물은 자아와 현실을 매개로 한 정신의 표상이자 의경意境이며, 실존의 국면이다. 그의 시가 꿈꾸는 나무의 아름다움과 힘은 나무와 나비 사이에 있다. 그 사이를 찢음으로 가능한 경계의 미학은 비스듬한 균형과 비움이다. 꽃의 향기와 열매의 맛은 바로 거기서 비롯된다. 오래된 나무는 나비를 닮아 있다. 그런 나비의 나무가 새롭고 드높은 것은, 생명과 우주에 대한 피할 수 없는 그리움 때문이다. 그리고 그 “그리움이 몸을 열어 오아시스를 만들고 풀과 나무를 기르며 꽃을 피워내 스스로에 反逆”(「사막」)한 결과다. 그의 시-집에는 푸른 생각, 푸른 목청, 푸른 길이 산다. 정말이지, 생이라는 “하나의 울림: 그것은/ 진리 자체가/ 인간들 가운데로/ 들어오는 것/ 은유의 눈보라”(파울 첼란,『하나의 울림』)가 아닐까.

박방희 시집

나무 다비茶毘

발　　행 2019년 3월 20일
지 은 이 박방희
펴 낸 이 반송림
편집디자인 김지호
펴 낸 곳 도서출판 지혜
계간시전문지 애지
기획위원 반경환 이형권 황정산
주　　소 34624 대전광역시 동구 선화로 203-1, 2층 도서출판 지혜 (삼성동)
전　　화 042-625-1140
팩　　스 042-627-1140
전자우편 ejisarang@hanmail.net
애지카페 cafe.daum.net/ejiliterature

ISBN : 979-11-5728-319-4 03810
값 10,000원

이 책의 판권은 지은이와 도서출판 지혜에 있습니다.
양측의 서면 동의 없는 무단 전제 및 복제를 금합니다.

박방희

경북 성주에서 태어나 1985년부터 무크지『일꾼의 땅』과『민의』,『실천문학』등에 시를 발표하며 등단. 이후 동시, 동화, 소설, 수필, 시조 부문 신인상을 받거나 신춘문예 당선 또는 추천되었다. 푸른문학상, 새벗문학상, 불교아동문학작가상, 방정환문학상, 우리나라좋은동시문학상, 한국아동문학상, (사)한국시조시인협회상(신인상), 금복문화상(문학부문), 유심작품상(시조부문) 등을 수상하였다. 시집과 동시집, 시조집 등 25권의 작품집이 있다.
박방희 시집『나무 다비茶毘』는 자연과 사물, 자아와 현실을 매개로 한 정신의 표상이자 의경意境이며, 실존의 국면을 노래한 시집이라고 할 수가 있다.

이메일 : pbh0407@hanmail.net